LE CUIRASSÉ

N'A PAS FAIT FAILLITE

PAR

A. SCHWERER

Capitaine de frégate

PARIS

LIBRAIRIE MILITAIRE R. CHAPELOT ET Ce

IMPRIMEURS-ÉDITEURS

30, Rue et Passage Dauphine, 30

—

1906

LE CUIRASSÉ

N'A PAS FAIT FAILLITE

Extrait de la **REVUE MARITIME**

(Janvier-Février-Mars 1905)

LE CUIRASSÉ

N'A PAS FAIT FAILLITE

PAR

A. SCHWERER

Capitaine de frégate

PARIS

LIBRAIRIE MILITAIRE R. CHAPELOT et Ce

IMPRIMEURS–ÉDITEURS

30, Rue et Passage Dauphine, 30

—

1906

LE CUIRASSÉ

N'A PAS FAIT FAILLITE [1]

« La Faillite du cuirassé », tel est le titre retentissant d'un article publié dans la *Revue maritime* de juin 1904, par un écrivain de talent, doublé d'un ardent polémiste, M. Alfred Duquet.

Le Département de la marine a déclaré qu'il restait absolument étranger aux idées émises par l'auteur ; mais il n'en est pas moins vrai que l'hospitalité offerte à la thèse qu'il soutient, dans un périodique publié par le ministère de la marine et ayant de ce fait un caractère officiel, a dû lui donner quelque poids dans l'esprit de bien des lecteurs.

J'ai pensé qu'un officier de marine avait le droit d'exposer dans ce même périodique les raisons pour lesquelles il juge erronées des idées auxquelles les faits viennent de donner du reste un éclatant démenti.

L'article de M. Duquet a été écrit au début de la guerre russo-japonaise. Aucune action de guerre sur mer n'avait encore eu lieu en dehors de l'attaque par surprise, en pleine paix, du 8 février, et des quelques opérations de blocus ou de bombardement qui avaient suivi cette attaque. Cependant, c'est de ces premiers événements que l'auteur prétend tirer des enseignements et la « lumineuse démonstration de l'inutilité et du danger des cuirassés ».

Pour lui, la preuve est faite. « Les éclairs de Port-Arthur ont brillé », et à leur lumière la vérité apparut enfin éclatante :

« Le canon reste au dernier plan », les batailles d'escadre sont

---

[1] Cette étude ayant été écrite en octobre 1904, l'auteur laisse au lecteur le soin d'apprécier si les événements importants qui se sont produits depuis cette époque confirment ou affaiblissent la thèse qu'il soutient.   A. S.

des rêves que l'on ne verra plus jamais se réaliser et les cuirassés sont destinés à rester « inertes et imbéciles », sans tirer un coup de canon, attendant le contact de la torpille qui les enverra au fond de l'eau. Ces enseignements sont (toujours aux yeux de M. Duquet) si lumineux que « le peuple français de toutes classes les a compris immédiatement ».

Seule, une catégorie de gens « ankylosés par la routine » ne veut pas se rendre à l'évidence.

Ce sont les officiers de marine et les ingénieurs.

Pour ces « aveugles qui, sous prétexte de compétence, protestent contre le sentiment public », M. Duquet n'a aucun ménagement. Il ne voit en eux qu'une « coalition d'amours-propres, d'incapacités, de coupables intérêts ».

Ce sont « des préparateurs de désastres, des fabricants d'Aboukirs et de Trafalgars », des « obstinés qui, après avoir berné le public refusent encore de se rendre à l'évidence ».

Étant au nombre de ces aveugles et de ces obstinés qui ne peuvent arriver à partager les idées de M. Duquet, je dois prendre pour moi une petite part des violentes apostrophes qu'il leur décoche.

Cependant, je ne puis lui en vouloir.

Je sais d'abord qu'il faut tenir compte de l'exagération méridionale qui a envahi toute la France et se manifeste en particulier dans la prose des polémistes. Pour eux, on est homme supérieur ou gredin suivant que l'on partage ou non leur manière de voir. De plus, l'horreur profonde que j'ai pour le scepticisme m'incite à beaucoup de sympathie pour les convaincus, pour les croyants, tout en reconnaissant que l'ardeur de leurs convictions les mène quelquefois à remplacer les arguments par des affirmations et les raisonnements par des actes de foi.

Je n'ai donc aucun ressentiment contre l'auteur de « la Faillite du cuirassé », et si je combats ses idées, je tiens à le faire à armes courtoises et en m'abstenant avec soin de tout argument blessant.

Bien loin de voir dans les premiers engagements de la guerre russo-japonaise la lumineuse démonstration de l'inutilité des cuirassés et du triomphe de la torpille, j'ai constaté avec une surprise extrême (surprise partagée, je crois, par la plupart de mes camarades de la marine) que jusqu'ici, les nombreuses escadrilles de torpilleurs que possédaient Russes et Japonais ont joué un rôle tout à fait insignifiant, et cependant les circonstances semblaient essentiellement favorables à l'emploi de cette arme.

Je me garderai bien d'en conclure que le torpilleur a fait faillite. L'inaction ou l'inefficacité de ces petits bâtiments résultent peutêtre de causes spéciales que nous connaîtrons un jour et il peut se faire, du reste, qu'ils prennent leur revanche dans les événements de guerre ultérieurs.

J'en reparlerai tout à l'heure ; mais je voudrais d'abord passer en revue les huit courts chapitres dans lesquels M. Duquet a pulvérisé le cuirassé.

Chacun de ces chapitres est précédé d'un titre qui a tous les caractères d'un article de Credo. Pour l'auteur, ces titres énoncent des principes fondamentaux, des vérités indiscutables, des axiomes, et il eût jugé sans doute inutile de les développer et de les commenter s'il n'avait tenu à essayer de mieux les faire pénétrer dans nos cerveaux atrophiés et ankylosés par la routine.

Dans ces huit axiomes, M. Duquet a condensé la substance de la thèse qu'il soutient. Cela est si vrai que, ces jours derniers, un journal dépourvu, du reste, de toute prétention technique, le *Charivari*, partisan de cette thèse et désireux de la faire adopter par ses lecteurs, s'est contenté de citer ces huit axiomes sans les accompagner d'aucun commentaire. Je suis sans doute moins facile à convaincre que le *Charivari*, car ces huit vérités me paraissent fort contestables et les conséquences que veut en tirer l'auteur me semblent tout à fait erronées.

I.

La France n'est et ne sera pas en état de se mesurer dans la guerre d'escadres, avec la marine anglaise aujourd'hui, avec la marine américaine demain.

Tel est le titre du premier chapitre.

Et M. Duquet appuie cette affirmation sur la loi du nombre : « Quand, écrit-il, nos arsenaux construisent un blindé plus puissant, plus grand, plus rapide que les bâtiments de nos voisins, ceux-ci s'empressent d'en commander trois plus puissants, plus grands, plus rapides que le nôtre. »

C'est très exact, et je suis d'autant plus heureux de trouver, au début de cette discussion, un point sur lequel je puisse être d'accord avec l'auteur, que pareille bonne fortune ne m'adviendra plus dans la suite.

Nos ressources sont limitées et notre situation financière ne nous permet pas de consacrer à notre marine les mêmes sommes que l'Angleterre ; nous ne pouvons donc songer à posséder une flotte égale à la sienne ; mais je ferai remarquer que cela est vrai, quel que soit le type des bâtiments composant cette flotte.

Si nous renonçons demain à construire des cuirassés, et si nous consacrons tous les millions de notre budget à mettre en chantier des croiseurs rapides, qui donc empêchera les Anglais avec leur nombre triple de millions d'opposer à chacune de ces unités deux ou trois unités plus rapides encore ?

De même, si nous lançons 20 torpilleurs, les chantiers anglais mieux outillés que les nôtres construiront vite 30 destroyers plus puissants.

Mais, répond M. Duquet, il existe un instrument de combat avec lequel nous pouvons être certains de vaincre nos adversaires. « Cet instrument de combat, nous le possédons ; ce sont les sous-marins. Pourquoi s'obstiner à leur préférer des cuirassés inutiles et ruineux ? »

Nous ne préférons pas le cuirassé au sous-marin, nous estimons que chacun d'eux a ses qualités et ses défauts, et nous les jugeons tous deux utiles.

Pourquoi vouloir admettre *a priori* que, dans la marine, nous ne devons avoir qu'une seule arme bonne à tout ? Est-ce que l'on s'étonne de voir figurer ensemble dans une armée, de l'infanterie, de l'artillerie et de la cavalerie ?

Le sous-marin que nous devons aux remarquables travaux et à la persévérance des ingénieurs et des officiers de marine traités aujourd'hui de « fabricants de désastres » est un engin fort redoutable. Il peut contribuer pour une très forte part à la défense de notre littoral contre les entreprises d'un ennemi. Il peut même nous aider à porter à nos adversaires, sur leurs propres côtes, des coups très sensibles ; mais il ne suffit pas, quoi qu'en pense M. Duquet, à nous assurer la victoire.

Nous voyons rééditer aujourd'hui à propos de ces bâtiments les exagérations manifestes auxquelles s'étaient laissé entraîner, il y a quelque vingt ans, certains publicistes qui avaient découvert le torpilleur.

D'après eux, le cuirassé avait vécu; les insectes à la piqûre mortelle allaient faire disparaître les mastodontes.

Le temps a fait justice de ces exagérations; mais il ne paraît pas avoir beaucoup assagi certains esprits; car, quelques années plus tard, d'autres publicistes, — à moins que ce ne fussent les mêmes, — ont cru trouver dans le croiseur-corsaire l'arme idéale. A les entendre, il suffisait de jeter sur les routes commerciales quelques bâtiments aussi rapides que peu armés et aussitôt l'émeute de la faim allait éclater à Londres; l'Angleterre affamée, ruinée, frappée au cœur accourait se jeter à nos pieds pour implorer la paix.

Aujourd'hui c'est le sous-marin qui, à peine né, va faire trembler tous nos adversaires et amener leur soumission.

Toutes ces folles chimères qui résultent d'une imagination sans frein et d'une méconnaissance absolue de l'histoire maritime et des lois de la guerre sont dangereuses parce que le public français les prend trop souvent pour des réalités.

Ne nous grisons pas d'illusions. Ce n'est pas dans la découverte d'une arme panacée que nous trouverons les moyens de compenser notre infériorité numérique vis-à-vis de l'Angleterre. C'est dans une sage politique extérieure nous permettant de compter sur le concours d'autres nations; c'est aussi dans une prudente politique intérieure s'efforçant de ne pas gaspiller nos ressources budgétaires et donnant tous ses soins à l'organisation de nos forces, au développement de la valeur professionnelle et morale du personnel. Mais je m'approche là d'un domaine dans lequel je ne veux ni ne peux pénétrer.

II.

La cuirasse ne garantit pas le bâtiment contre les gros projectiles.

Voilà le second axiome de M. Duquet.

Sur quels faits précis l'auteur va-t-il étayer son affirmation? Il nous en cite un seul et il va le chercher bien loin en Amérique, à l'usine Carnégie, où il nous montre une plaque de cuirasse « tordue, broyée, démolie par l'obus ». Il lui eût suffi d'aller jusqu'à notre polygone de Gâvre pour assister au même spectacle. Il y aurait vu d'épaisses plaques d'acier mises en piteux état ou traversées de part en part par des projectiles. Bien mieux, sans quitter son cabinet de travail, en se contentant d'ouvrir un traité de balistique, il eût appris qu'un projectile de calibre donné, lancé par une pièce de tel ou tel modèle, peut traverser, à la distance d, une plaque d'épaisseur e frappée sous l'inclinaison i; mais je ne lui apprendrai rien en lui disant qu'il y a quelque différence entre les tirs d'expérience et de polygone et les tirs de combat, et que, de plus, la plaque atteinte fût-elle tordue et broyée, elle aura cependant rempli son rôle si elle a empêché le projectile de tordre et de broyer derrière elle les organes vitaux du bâtiment qui la porte.

Du reste, dans l'énoncé du deuxième axiome se glisse un adjectif qualificatif qui mérite de ne pas passer inaperçu : « Les gros projectiles », écrit M. Duquet. Il m'accordera, je l'espère, que, si la cuirasse garantit le navire contre les projectiles petits et moyens, elle lui rend déjà un fameux service; car les grosses pièces beaucoup moins nombreuses que l'artillerie moyenne ou légère voient encore leur action diminuée par la lenteur de leur chargement.

Pour apprécier en connaissance de cause l'efficacité ou l'inutilité de la cuirasse, nous n'avons qu'un critérium sérieux : les exemples fournis par les actions de guerre sur mer; et, puisque M. Duquet nous invite à méditer les leçons de la guerre russo-japonaise, voyons quels sont les enseignements que nous pouvons en tirer à cet égard.

Le canon a fait entendre sa voix dans la mer Jaune; et, sans parler de nombreux engagements partiels, nous pouvons enregistrer deux véritables batailles navales, celles du 10 et du 14 août.

Le 10, l'escadre russe sortie de Port-Arthur, rencontra l'escadre ennemie. Dans cette seule journée, deux combats ont lieu et nombreux sont les projectiles qui viennent frapper les cuirassés.

Les Japonais dissimulant avec soin leurs blessures, j'ignore les avaries qu'ils ont subies dans cette rencontre ; mais, à ma connaissance, aucun de leurs cuirassés n'a succombé.

Du côté des Russes qui avaient en ligne six cuirassés : le *Retvisan*, le *Pobieda*, le *Poltava*, le *Peresviet* et le *Sevastopol*, bien qu'atteints par de nombreux obus, peuvent regagner Port-Arthur sans avoir eu des avaries majeures, puisque dix jours après nous les voyons prendre part à un nouvel engagement partiel. Quand au *Cesarevitch* qui, pendant plusieurs heures, supporte l'effort du gros de la flotte ennemie et est criblé d'obus, il continue cependant à flotter et à tirer, et la nuit venue il peut gagner Kio-Tcheou.

Le 14 août, les croiseurs russes *Gromoboï*, *Rossia* et *Rurick* se trouvent en présence de quatre croiseurs cuirassés japonais : *Idzuma*, *Azuma*, *Tokiwa* et *Iwate*. Ceux-ci ont une ceinture cuirassée complète en acier harveyé. Leur artillerie est en tourelles ou en casemates cuirassées. Les bâtiments russes, au contraire, n'ont à la flottaison qu'une ceinture partielle couvrant seulement les trois quarts de leur longueur et leur artillerie n'est protégée que par des masques de très faible épaisseur. L'amiral Yessen constatant l'infériorité de ses bâtiments, essaye de s'éloigner à toute vitesse pour éviter un combat inégal ; mais un projectile ennemi vient frapper le *Rurick* à l'arrière dans sa partie *non cuirassée*. L'obus pénètre dans le compartiment de la barre et prive le navire de ses moyens de gouverner.

Le *Gromoboï* et le *Rossia*, pour protéger leur compagnon, sont forcés d'accepter le combat, mais bientôt criblés d'obus et voyant d'autres croiseurs ennemis arriver à la rescousse, ils se trouvent dans l'obligation d'abandonner le *Rurick* à son sort. Le malheureux croiseur, après une lutte vraiment héroïque, cesse le feu à midi, toutes ses pièces étant démontées, et il ne tarde pas à succomber.

Vouloir de ces exemples inférer l'inutilité de la cuirasse me paraît vraiment excessif, et je ne suis pas surpris de voir l'amiral Matoussevitch, après le combat du 10 août, où il a joué un rôle actif à bord du *Cesarevitch*, déclarer « qu'il n'était pas de l'avis de ceux qui prétendent que le cuirassé est un type suranné. »

M. Duquet nous assure que dans la lutte entre la cuirasse et le canon, la première est fatalement vaincue. « En effet, écrit-il, « à mesure que les métallurgistes augmentent l'épaisseur des pla- « ques de blindage, à mesure aussi les artilleurs agrandissent le « calibre de leurs canons. »

Il y a dans cette phrase deux erreurs matérielles importantes.

Ce n'est pas dans l'augmentation de l'épaisseur du blindage que les métallurgistes cherchent un accroissement de protection ; c'est dans le choix d'un acier plus résistant, et personne n'ignore que des progrès considérables ont été faits dans cette voie.

Ce n'est pas non plus en agrandissant le calibre de leurs canons que les artilleurs cherchent à accroître la puissance de leurs projectiles. C'est au contraire en diminuant ce calibre, mais en augmentant la longueur d'âme pour obtenir une plus forte vitesse initiale.

Certes les effets destructeurs de l'artillerie sont encore augmentés par la puissance des explosifs que les obus transportent à distance, mais les ingénieurs essayent de lutter contre ces effets par une meilleure disposition des cuirasses, et les enseignements tirés de la guerre actuelle semblent prouver que leurs efforts, comme ceux des métallurgistes, ont été couronnés de quelque succès.

A propos de cette grave question de la cuirasse, l'auteur ajoute : « On ne saurait raisonnablement songer à augmenter le poids des « cuirassés ; ils ont déjà bien de la peine à se mouvoir ; leurs com- « mandants ont déjà bien assez de mal à les gouverner », et plus loin : « Si vous aggravez encore cette masse par l'épaississement du « blindage, le commandant ne dirigera plus qu'une gigantesque « épave. De plus, la vitesse sera diminuée d'autant. Le cuirassé « deviendra une monstrueuse tortue de fer. »

Je ne suis nullement partisan de l'augmentation exagérée des dimensions des cuirassés ; mais les arguments mis en avant par M. Duquet pour combattre l'accroissement du tonnage ne sont pas exacts. Ils dérivent d'une idée erronée que l'on trouve très souvent chez les personnes peu au courant de l'architecture navale.

Les nations qui, comme l'Angleterre, augmentent le tonnage de leurs cuirassés, ne le font pas seulement pour accroître la puissance offensive et défensive. Ils obéissent surtout au désir d'augmenter en même temps *la vitesse*. Il est donc tout à fait inexact d'avancer que le gros cuirassé deviendra une monstrueuse tortue.

Quant aux facultés évolutives, elles dépendent beaucoup plus des formes des carènes que de leurs dimensions ; et des navires de taille moyenne sont souvent plus difficiles à gouverner que de très gros bâtiments.

Pour montrer combien les cuirassés sont peu maniables, M. Duquet fait part aux lecteurs des dangers qu'il a courus pendant une croisière faite à bord du *Jauréguiberry*.

Plusieurs fois, paraît-il, ce dernier navire a failli être abordé par le *Bouvet* ; et c'est miracle s'il n'a pas été coupé en deux par le *Garibaldi*.

Je ne mets pas un seul instant en doute le sang-froid de l'auteur dont je combats la thèse; mais je sais que les personnes qui assistent pour la première fois à des évolutions d'escadre sont facilement impressionnées par le rapprochement de ces grosses masses et s'exagèrent par suite beaucoup les dangers courus. Si M. Duquet avait assisté à des exercices de nuit à bord d'un torpilleur ou, s'il était descendu dans un des sous-marins de Cherbourg pendant leurs manœuvres contre l'escadre du Nord, je suis persuadé qu'il aurait passé par des émotions bien plus vives encore que celles qu'il a ressenties sur le *Jauréguiberry*.

III.

Dans les combats actuels, l'obus est remplacé par la torpille.

Tel est l'énoncé du troisième axiome.

Dans le deuxième chapitre, l'auteur de « la Faillite du cuirassé » nous a rappelé la lutte entre la cuirasse et l'obus.

Dans le troisième, il réconcilie ces deux adversaires en les supprimant tous deux. Il envoie l'obus le plus moderne rejoindre la plaque de cuirasse dernier modèle au musée des antiques. Il n'y a plus qu'une arme dans les combats : la torpille. Pour justifier cette conclusion radicale, point n'est besoin de raisonnements ou de démonstrations; l'auteur déclare s'appuyer uniquement sur les leçons de la guerre russo-japonaise. Les seuls bâtiments engloutis depuis le début de cette guerre sont, nous dit-il, le *Petropavlosk* et le *Hatsusé,* tous deux coulés par des torpilles. L'honorable écrivain sait fort bien que ces deux bâtiments n'ont pas succombé sous les coups de l'engin lancé par le torpilleur ou le submersible et que leur perte a été causée par des mines sous-marines. Encore n'est-ce pas très certain pour le *Petropavlosk*, qui a été détruit par une explosion de ses soutes, provoquée peut-être par la rencontre d'une mine.

M. Duquet m'accordera, je l'espère, qu'il faut bien se garder de confondre la torpille Whitehead avec la carcasse remplie d'explosifs que l'on mouille ou que l'on sème devant un port dont on veut interdire l'accès. La mine sous-marine est une arme très spéciale, qui ne peut être employée que dans des conditions particulières et devient quelquefois aussi dangereuse pour celui qui l'a posée que pour l'ennemi. Lorsque M. Duquet affirme que la torpille a remplacé l'obus, ce n'est certes pas de la mine sous-marine qu'il veut parler, mais bien de la véritable torpille, l'engin du submersible et du torpilleur.

Voyons donc le rôle que cette arme a joué jusqu'ici dans la guerre russo-japonaise.

Dans la nuit du 8 au 9 février, l'escadre russe est mouillée en rade extérieure de Port-Arthur. La guerre n'est pas déclarée et nos alliés, trop confiants, sont loin de s'attendre à la violation du droit des gens que les Japonais ne vont pas hésiter à commettre. De nombreux torpilleurs nippons entrent en rade à toute vitesse et peuvent lancer leurs torpilles avant que les Russes, surpris, aient eu le temps de tirer un coup de canon. Le *Cesarevitch* est frappé à l'arrière, le *Pallada* par le travers. Ces deux navires peuvent cependant rentrer dans le port intérieur. Le *Revitzan* est atteint à l'avant. Il se dirige aussi vers le port, mais il s'échoue à l'entrée.

Étant données les circonstances particulières dans lesquelles a eu lieu cette surprise, il me semble qu'on ne peut en tirer qu'un seul enseignement : la nécessité d'être toujours sur ses gardes et le danger d'ajouter foi aux rêveries des pacifistes.

Quoi qu'il en soit, l'escadre russe, affaiblie par cette surprise, est obligée de se laisser enfermer à Port-Arthur. Le blocus va commencer et les opérations de blocus sont éminemment favorables à l'utilisation des torpilleurs. Ces petits bâtiments ne manquent pas aux deux adversaires. Les Japonais possèdent en effet 17 destroyers et 58 torpilleurs. D'autre part, le courage et le mépris de la mort sont des qualités développées à un haut degré chez les deux peuples en présence.

Nous allons donc voir les torpilleurs à l'œuvre.

Dans la nuit du 23 au 24 février, une escadrille de torpilleurs japonais, escortant les fameux brûlots destinés à embouteiller l'escadre russe, entre en rade de Port-Arthur et attaque le *Revitzan*, toujours à l'entrée du port. Cette attaque échoue. Elle est renouvelée la nuit suivante sans plus de succès. De leur côté, les torpilleurs et destroyers russes sortent dans la nuit du 24 au 25 et attaquent sans résultat les croiseurs adverses. Une troisième charge des torpilleurs japonais a lieu dans la nuit du 25 au 26. Elle est repoussée comme les précédentes et, d'après les renseignements russes, deux torpilleurs sont détruits.

Ces tentatives infructueuses étaient peu encourageantes ; aussi une accalmie se produit-elle jusqu'au 10 mars. L'amiral Makaroff a pris le commandement de la flotte, et sous son énergique impulsion les Russes vont essayer de passer à l'offensive. Six de leurs contre-torpilleurs prennent la mer dans la nuit du 9 au 10. Ils rencontrent l'escadre ennemie. L'un d'eux, le *Vlastny*, coule un torpilleur japonais, mais lance sans succès deux torpilles contre le *Takassago ;* un autre, lé *Steregouchy*, est coulé par les destroyers nippons.

La semaine suivante, ils renouvellent leur tentative sans aucun succès.

Il serait fastidieux de citer ici les nombreuses attaques partielles de torpilleurs qui ont eu lieu pendant les mois d'avril et de mai et qui ont toutes échoué, puisque pendant cette période aucun cuirassé ou croiseur des deux partis n'a été atteint. Mais l'affaire plus sérieuse du 24 juin mérite une mention spéciale.

Ce jour-là, l'escadre russe tout entière, y compris les bâtiments torpillés le 8 février : *Cesarevitch, Revitzan* et *Pallada,* sort de Port-Arthur et fait route vers le large. Elle aperçoit la flotte japonaise, forte de 4 cuirassés, 11 croiseurs et 30 torpilleurs. L'amiral russe, constatant l'infériorité de ses forces, se décide à rentrer à Port-Arthur. La nuit vient et l'escadre, obligée de suivre un chenal dragué, ne peut marcher à grande vitesse. Elle va se trouver exposée, dans les conditions les plus défavorables, à la poursuite des torpilleurs.

A 9 h. 30 du soir, l'amiral Togo donne à ceux-ci l'ordre d'attaquer. La 14ᵉ flottille se lance sur les Russes, puis la 5ᵉ et enfin la 16ᵉ.

Huit fois, dit l'amiral Togo dans son rapport, elles revinrent à la charge ; et ces charges ont dû être poussées à fond, car personne ne peut mettre en doute la bravoure des Japonais.

Cependant, pas un seul navire russe n'est atteint. Nous saurons peut-être un jour ce que cette attaque a coûté aux torpilleurs japonais. Pour abréger, je laisse de côté l'attaque infructueuse dirigée, le 1ᵉʳ juillet, par onze torpilleurs contre les croiseurs de l'amiral Bezobrazof, ainsi que celles du 8 juillet contre l'*Askold*, du 9 juillet contre le *Pallada*, le *Novik* et le *Bayan*, et j'arrive à la bataille navale du 10 août. Nous savons qu'après trois heures de combat, le gros de la flotte russe, écrasé par des forces supérieures, est obligé de battre en retraite sur Port-Arthur, pendant que le *Cesarevitch*, gravement avarié, ne filant plus que 4 ou 5 nœuds, gagnait Kiao-Tcheou, que le *Novik*, l'*Askold* s'échappaient dans diverses directions.

Ainsi voilà une flotte qui vient de subir un grave échec et des pertes énormes de personnel ; tous ses bâtiments ont été criblés de projectiles ; la plupart de ses pièces d'artillerie légère et de ses projecteurs sont hors de service, et tous ces malheureux navires vont se trouver exposés pendant la nuit aux attaques des nombreuses flottilles de torpilleurs japonais.

Est-il possible d'imaginer pour ces petits bâtiments des circonstances plus favorables ?

Sans aucun doute ils vont transformer cet échec en un affreux désastre, et pas un seul des cuirassés russes ne reverra la côte.

Erreur ! Tous arrivent à bon port plus ou moins avariés par les obus, mais sans avoir reçu une seule torpille. Cependant les destroyers japonais ont donné. Nombreuses ont été leurs charges et le *Cesarevitch*, entre autres, qui, grièvement blessé, se traîne péniblement, a dû lutter contre eux pendant toute la nuit.

En résumé, depuis le commencement de la guerre jusqu'au moment où j'écris ces lignes, du côté des Russes comme du côté des Japonais, pas une seule attaque de torpilleurs n'a réussi.

Je ne suis pas prophète, et j'ignore les faits que l'avenir nous réserve, mais vraiment n'est-il pas étrange de vouloir déduire des événements de cette guerre la conclusion que la torpille est la seule arme sérieuse ?

Je me suis étendu un peu longuement peut-être sur ce point ; mais cela me permettra d'être beaucoup plus bref dans les chapitres suivants. Si j'ai réussi à convaincre quelques-uns de mes lecteurs que nous ne pouvons admettre le deuxième et le troisième axiomes de la « Faillite du cuirassé », j'aurai moins à insister sur quelques-uns des axiomes suivants qui ne sont que la conséquence des premiers.

IV.

L'effet de la grosse artillerie des cuirassés et croiseurs blindés est nul sur les batteries de terre ; en revanche les pièces des forts contraignent les bâtiments blindés à la retraite immédiate.

J'ai peu de choses à dire sur ce quatrième « principe », qui contient un fonds de vérité et deviendrait tout à fait exact si l'auteur voulait bien en modifier légèrement l'énoncé.

L'effet de l'artillerie des cuirassés n'est pas nul sur les forts ; mais il est certain que les navires, même blindés, courent de gros risques en attaquant les batteries de terre et en particulier les batteries hautes.

Je ferai seulement remarquer que si la lutte entre cuirassés et forts est inégale, elle devient impossible pour les navires non blindés. Aussi, je ne vois pas très bien l'argument que l'on pourrait en tirer contre les cuirassés.

<h2 style="text-align:center">V.</h2>

Les gros navires puissamment armés et défendus n'assurent pas la maîtrise de la mer.

Il me semble que cette affirmation ne peut-être la conséquence des leçons de la guerre russo-japonaise, car ce n'est pas avec des torpilleurs que les Japonais ont acquis la maîtrise de la mer, c'est avec des cuirassés et des croiseurs.

Examinons donc avec soin les arguments que nous fournit M. Duquet à l'appui de cette thèse.

« Depuis le commencement de la guerre, écrit-il, nous assistons « à ce spectacle singulier que pas une bataille d'escadre n'a encore « été livrée, que pas une canonnade n'a été échangée entre cui- « rassés, que ces monstres demeurent inertes, imbéciles et prennent « seulement contact avec les torpilles qui les envoient au fond de « l'eau. »

Ce n'était pas déjà d'une exactitude très rigoureuse au moment où l'auteur écrivait ces lignes. Il m'accordera, j'en suis convaincu, que c'est devenu maintenant tout à fait inexact.

Mais, poursuivons :

« Combien la situation deviendrait plus critique pour les cui- « rassés au cas où ils seraient attaqués par des submersibles et des « sous-marins..... Si la France avait dans la Manche 200 torpilleurs, « submersibles et sous-marins, pas un navire de guerre, pas un « navire de commerce n'oserait sortir des ports d'Angleterre et d'Ir- « lande, tant la terreur du coup de torpille hanterait le cerveau des

« amiraux et capitaines anglais. Or, nos voisins sans bateaux sont
« ruinés et affamés. Ils sont obligés de faire la paix quand même et
« tout de suite. »

Je ne veux pas faire le prophète et je désire ne m'appuyer dans
cette discussion que sur des faits bien établis ; mais je crains que
M. Duquet ne prenne ses désirs pour des réalités.

La crainte de la torpille n'empêchera jamais un grand bâtiment
bien armé de tenir la mer, pas plus que la crainte des fougasses
n'empêchera une infanterie résolue de donner l'assaut à une place
forte.

La torpille est, sans contredit, un engin fort redoutable. Éclatant sous la coque d'un cuirassé, elle lui cause sans aucun doute des
avaries sérieuses ; mais ce serait une erreur de croire qu'elle lui fera
toujours une blessure mortelle.

L'auteur de « la Faillite du cuirassé » nous assure que le cloison-
nement le plus intensif ne résiste pas à une bonne torpille « Whitehead », et il base cette affirmation sur l'expérience du caisson
cuirassé du *Henri-IV*. Il nous annonce aussi que « l'on étudie
« aujourd'hui des cloisons traversant le bâtiment de bâbord à tri-
« bord. « Ce n'est du reste, écrit-il, » que changer de péril. Au
« lieu de faire le plongeon en s'inclinant à droite ou à gauche, le
« cuirassé torpillé piquera une tête en proue s'il ne s'enfonce pas
« en poupe, selon que sa coque sera crevée à l'avant ou à l'arrière. »

Les inquiétudes de l'auteur sur le sort du cuirassé torpillé sont un
peu exagérées.

Une coque même multiple sous laquelle éclatera la torpille sera
sans doute crevée ; mais l'eau qui s'engouffrera par la brèche n'en-
vahira le plus souvent qu'une petite partie du bâtiment ; car les
cloisons transversales ne sont pas à l'étude ; elles existent depuis
fort longtemps déjà sur tous les bâtiments, et, en visitant les fonds
du *Jauréguiberry*, au cours de la croisière qu'il a faite sur ce cuirassé, M. Duquet aurait pu constater leur existence.

Pour revenir aux leçons de la guerre russo-japonaise, je rappellerai
que la terreur du coup de torpille ne paraît pas hanter les cerveaux
des deux adversaires au point de les condamner à l'immobilité. Les
destroyers russes de Port-Arthur n'ont pas mis les Japonais dans
l'impossibilité de tenir le blocus, pas plus que les flottilles nip-
ponnes n'ont empêché nos alliés d'opérer de fréquentes sorties.

Je crois qu'il en eût été de même si, de part et d'autre, il y avait eu des sous-marins.

Les risques courus eussent été plus grands ; l'escadre Togo, dans ses opérations de blocus, se serait tenue à une distance plus considérable de la côte, ce qui est déjà un résultat important ; mais tout cela n'eût pas empêché les Japonais de rechercher la maîtrise de la mer avec leurs cuirassés et leurs croiseurs et non avec des sousmarins dont le rayon d'action est forcément très limité.

VI.

La maîtrise de la mer appartient à la flotte non blindée possédant une vitesse telle que pas un navire cuirassé grand ou petit ne puisse l'atteindre ou l'éviter.

Ce sixième principe me paraît étrange.

Le cuirassé ayant une puissance offensive et défensive bien supérieure ne cherchera pas à éviter le croiseur léger ; et, d'autre part, fuir toujours devant son adversaire sera pour le bâtiment non blindé une singulière façon d'avoir la maîtrise de la mer.

Voyons si, dans les commentaires, nous trouvons l'explication de cet axiome dont l'énoncé est un peu mystérieux.

M. Duquet ne nous a pas caché dans les premiers chapitres que, pour lui, la seule arme sérieuse était la torpille et que le seul bâtiment redoutable était par suite le torpilleur submersible ou sousmarin.

Une objection grave ne pouvait manquer de se présenter à son esprit : Ces petits bâtiments seront dans l'impossibilité de s'éloigner des côtes et de se ravitailler en charbon, vivres, munitions et hommes s'ils ne sont pas attachés à de gros navires capables de les réapprovisionner. Il faut donc, pour faire vivre ces submersibles, des pères nourriciers ; et, c'est pour remplir ce rôle, que l'auteur veut des bâtiments « très légers, très rapides, sommairement armés de quelques canons peu lourds ».

Une nouvelle objection se présente encore à l'esprit : C'est que ces navires sans défense vont être à la merci des cuirassés. Elle n'embarrasse pas l'auteur, qui répond : « Non, par la raison que, enchâssés « dans une ceinture de torpilleurs, submersibles ou sous-marins, il

« ne sera pas possible aux navires bardés de fer de traverser la
« ceinture protectrice sans se heurter à des torpilles lancées à coup
« sûr. »

Si je comprends bien, voici la cuirasse rétablie, et cette cuirasse,
bien que mobile, va singulièrement gêner et alourdir le bâtiment
qu'elle est chargée de protéger. Je me demande même pourquoi
l'auteur veut donner aux ravitailleurs une qualité très coûteuse, la
vitesse, puisqu'il les entoure de sous-marins, bâtiments très lents,
qui ne permettront pas à leurs pères nourriciers d'utiliser cette qualité.

Quelle singulière flotte et peu dangereuse pour l'ennemi que celle
qui serait ainsi constituée !

Je me hâte de dire que l'auteur sent lui-même fort bien ce que
cette conception a d'étrange. Aussi parle-t-il aussitôt de transformer
les pères nourriciers en mères-gigognes.

« Ces pères nourriciers, écrit-il, ne se contenteront pas de ravi-
« tailler leurs petits et redoutables protecteurs, guêpes et abeilles, à
« la piqûre mortelle pour tous les bâtiments gros ou minces ; ils
« remiseront même une plus ou moins grande quantité de sous-
« marins qui seront mis à l'eau, quand le besoin se fera sentir, et
« réembarqués quand le combat sera terminé ou évité.

« En vérité, nous le disons : Avant peu de temps, on débarquera
« et embarquera des sous-marins aussi facilement qu'on le fait à
« cette heure pour les chaloupes à vapeur des cuirassés, sinon plus
« aisément. Cette manœuvre sera demain une réalité. »

Qu'un habitant de l'intérieur n'ayant jamais mis les pieds sur un
bâtiment et n'ayant jamais vu l'Océan puisse croire que l'embarque-
ment ou le débarquement d'un sous-marin en pleine mer est chose
aisée, je le comprendrais. Mais venant de quelqu'un qui a fait des
croisières au large et qui a pu constater que, par mer un peu hou-
leuse, la mise à l'eau d'un simple canot à vapeur est une manœuvre
toujours délicate et souvent impossible, une pareille affirmation me
cause une profonde surprise.

Actuellement, le débarquement d'un sous-marin, fût-il d'un tonnage très réduit, ne pourra avoir lieu que par calme. Si, dans un
avenir plus ou moins lointain, les progrès de la science aidant, on
parvient à rendre aisée une opération presque impossible à l'heure
actuelle, quelle pourra être l'utilisation de ces navires transporteurs ?

S'il s'agit d'attaquer une escadre au large, il faudra, puisque les sous-marins ont un très petit rayon visuel, que les « mères-gigognes » aillent mettre bas leurs petits à proximité de l'ennemi qui pourra aisément détruire la mère et, du même coup, les enfants qu'elle porte dans son sein. Si ces enfants ont réussi à quitter les lisières maternelles, ils ne pourront marcher longtemps à cause de leurs petites jambes. Ils seront obligés fréquemment d'aller demander des forces nouvelles à leur nourrice qui ne pourra s'éloigner d'eux sans les condamner à une mort certaine. La seule présence de ces transporteurs indiquera à l'ennemi le voisinage des sous-marins qui auront ainsi perdu leur principale qualité : l'invisibilité.

VII.

Tout navire blindé est nuisible et inutile.

Si la cuirasse ne protégeait en rien le bâtiment et si l'obus était définitivement rayé de nos armes pour être remplacé par la torpille, on serait en effet en droit de dire que le navire blindé est inutile. Il est nuisible aussi, écrit M. Duquet, « car son cuirassement a pour résultat de le rendre moins rapide et de le faire plus vite couler à fond ».

J'ai déjà fait remarquer que la première partie de cette proposition n'était pas exacte.

Quant à la seconde, je n'en saisis pas bien le sens et ne puis, par suite, la discuter. Ayant toujours pensé qu'un kilogramme de tôle mince avait le même poids qu'un kilogramme d'acier épais, je crois qu'un cuirassé de 12,000 tonnes ne coulera pas plus vite au fond qu'un croiseur sans protection du même tonnage. Qu'on veuille bien m'excuser si j'avance là une assertion inexacte.

J'ai hâte de clore cette discussion. M. Duquet s'est plaint « du verbiage des compétents », je ne voudrais pas mériter ce reproche ; aussi je passe tout de suite au dernier chapitre.

VIII.

La vérité est en marche.

Ce cri que pousse M. Duquet nous l'avons fréquemment entendu depuis quelques années. Si la vérité marche tant, je comprends que nous ayons de la peine à l'atteindre.

Espérons qu'un jour, lasse de ce vagabondage, elle arrêtera sa course, et que nous pourrons alors la saisir. Pour le moment, je crois que personne ne peut se flatter de la posséder tout entière. En ce qui me concerne, je suis bien loin d'avoir une pareille prétention ; aussi j'ai tenu à n'affirmer que des faits connus de tous ou faciles à vérifier. J'ai montré que dans la terrible lutte qui a lieu maintenant en Extrême-Orient, l'artillerie seule a décidé de l'issue du combat. J'ai montré que, grâce à la cuirasse, les navires blindés n'ont pas succombé. J'ai montré enfin que le rôle du torpilleur avait été jusqu'ici absolument nul.

Je me garderai bien d'en conclure que le blindage est invulnérable et la torpille inutile, mais il me semble tout à fait irrationnel de s'appuyer sur les faits de cette guerre pour demander la suppression de la cuirasse et de toute arme autre que la torpille.

Quand M. Duquet affirme à ses concitoyens que les seuls bâtiments de combat sont les sous-marins, les submersibles, les torpilleurs et les … mères-gigognes, il énonce là une opinion très respectable à coup sûr, comme toutes les opinions sincères, d'autant plus respectable même qu'elle provient de l'ardent et patriotique désir de nous rendre invulnérables, mais enfin ce n'est qu'une opinion et non une vérité indiscutable.

Nous avons, nous aussi, l'ardent désir de vaincre dans les luttes que peut nous réserver l'avenir, et nous avions cru jusqu'ici qu'étant les premiers intéressés à la valeur des armes que l'on mettra entre nos mains pour combattre l'adversaire, nous avions le droit d'émettre sur leur efficacité un avis qui méritait d'être écouté.

Nous nous étions, paraît-il, grossièrement trompés, puisque nous apprenons aujourd'hui que pour trancher une question il faut en ignorer les premiers éléments, sans doute afin de se mettre à l'abri de tout parti pris.

Cette théorie n'est peut-être pas absolument nouvelle. Dans un siècle, qui n'était pas il est vrai celui de la science et de la raison, nous avons bien vu des vaisseaux commandés par des officiers de cavalerie. Le progrès consisterait-il à en faire tracer les plans par des publicistes et à en confier le commandement à des avocats ?

Tout arrive, et le véritable philosophe ne doit s'étonner de rien.

Une chose cependant m'a causé une profonde surprise. C'est de ne pas trouver dans « la Faillite du cuirassé » deux expressions qui jadis revenaient constamment sous la plume des publicistes maritimes : jeune école, vieille école.

Aurait-on compris enfin que ces deux expressions étaient vides de sens et que notre Corps n'était pas coupé en deux tronçons professant sur les choses du métier des opinions opposées ?

Certes, on constate chez les officiers des divergences d'idées au sujet des avantages de tel ou tel type de navire et de la meilleure composition d'une flotte. Rien de plus naturel en présence des problèmes complexes que soulèvent le matériel naval et son utilisation. Les personnes étrangères à la marine ne voient que ces divergences ; elles semblent ignorer qu'il y a dans notre corps un fonds d'idées communes dont nous ne parlons même pas, tant elles nous semblent hors de discussion.

A part quelques rares exaltés qui lâchent un peu trop la bride à leur imagination, tous les officiers de marine sont d'accord pour protester contre les bouleversements injustifiés proposés par quelques esprits mieux intentionnés que documentés.

Les officiers travaillent au perfectionnement et au développement de leurs armes, cuirassés, croiseurs, torpilleurs et sous-marins, armes qui ont chacune leur valeur propre et dont l'action commune leur paraît nécessaire au succès. Ils sont très touchés de l'intérêt que tout le monde en France témoigne aujourd'hui à la marine et tout disposés à tenir le plus grand compte des conseils et avis qu'on veut bien leur prodiguer. Mais quand, pour les guérir d'un mal imaginaire, on leur présente un remède qu'ils jugent dangereux, sinon mortel, ils le repoussent énergiquement.

A ce propos, je me permettrai de terminer par un petit conte que j'ai lu jadis.

Il nous reposera de cette longue et aride discussion technique.

Il était une fois une jeune fille appelée Navia qui vivait et travaillait seule dans une île à peine connue du royaume d'Arabie. Fière de ses traits qu'elle jugeait plaisants, de ses formes qui lui paraissaient harmonieuses et de sa robuste constitution, elle était fort marrie de vivre ignorée de tous. Aussi, ayant un jour quitté son île, elle aborda sur le continent et s'efforça d'attirer les regards. Elle n'y réussit que trop. Bientôt, dans toute l'étendue du royaume, il ne fut plus question que de Navia. Tous les habitants, depuis les plus célèbres marabouts jusqu'au dernier marchand de pastèques, prétendaient la connaître, et beaucoup qui ne l'avaient jamais vue se vantaient de l'avoir possédée.

Un jour un de ses admirateurs voulant prouver sans doute qu'elle n'avait pas de secrets pour lui raconta quelle avait une petite envie sur l'épaule.

Le bruit se répandit et s'enfla.

L'envie devint bouton; le bouton tumeur, et bientôt personne n'ignora que Navia était malade.

De tous les coins du royaume, les médecins accoururent pour la soigner. Il vint des docteurs savants et vénérables qui avaient pâli sur les traités d'Esculape; il vint des chirurgiens toujours prêts à manier le bistouri; il vint des empiriques qui connaissaient les vertus des simples; il vint aussi des charlatans qui avaient des paroles magiques pour guérir tous les maux.

L'inquiétude sincère ou simulée qui se manifestait de tous côtés finit par gagner Navia et lui troubla l'esprit. Elle se crut malade et s'abandonna entre les mains de tous ces guérisseurs.

Ils firent si bien qu'elle en mourut.

J'engage la marine française à méditer sur le triste sort de Navia.

A bord du *Masséna*, octobre 1904.

Paris. — Imprimerie R. CHAPELOT et Cᵉ, 2, rue Christine.